INAUGURATION

du

MONUMENT PANAS

A L'HOTEL-DIEU

Le 26 Juin 1904

Sous la présidence de M. Chaumié

Ministre de l'Instruction Publique et des Beaux-Arts

PARIS

G. STEINHEIL, ÉDITEUR

2, Rue Casimir-Delavigne, 2

—

1904

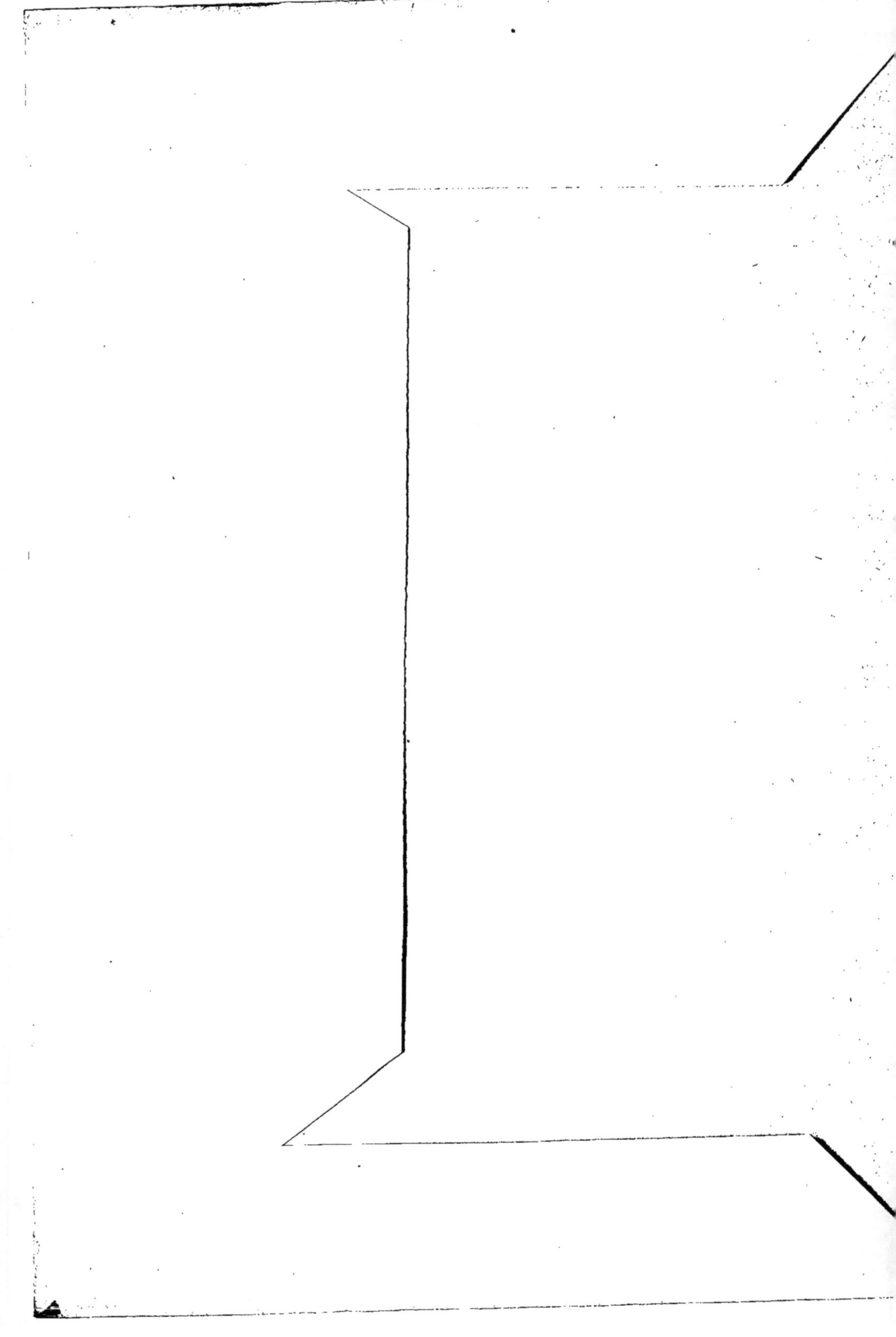

1832-1905
PH. PANAS
FONDATEUR
DE LA CLINIQUE
OPHTALMOLOGIQUE
HOTEL-DIEU
DE PARIS 1879
L. BOTTÉE

ARTE
ET STVDIO
E. TENEBRIS IN LVCEM EVOCAT.
L. BOTTÉE

AU
DOCTEUR PANAS
1832-1903

DISCOURS

DE

M. LE PROFESSEUR GUYON

Monsieur le Ministre,
Mesdames,
Messieurs,

Une amitié d'un demi-siècle m'a valu l'honneur
de présider le Comité formé au lendemain de la mort
du professeur Panas. Ses collègues, ses amis, ses
compatriotes, ses élèves se sont unis pour honorer
sa mémoire en perpétuant le souvenir du fondateur
de l'Enseignement de l'ophtalmologie à la Faculté de
médecine de Paris.

Permettez-moi, Monsieur le Ministre, de vous
remercier d'avoir bien voulu venir au milieu de nous
rendre hommage au professeur qui a su, dès la première période d'un nouvel enseignement, établir les
traditions qui assurent le développement des œuvres
naissantes. Nous avons été très touchés de l'empressement avec lequel vous nous avez accordé ce grand
honneur, et de trouver ce même accueil près du

Vice-Recteur de l'Académie de Paris, du Directeur de l'Enseignement supérieur, du Doyen de la Faculté de médecine, du Directeur de l'Assistance publique dont l'administration aide si libéralement les professeurs de Clinique dans l'accomplissement de leur tâche. Votre présence et la leur nous sont précieuses; elles donnent à cette cérémonie son véritable caractère.

Elle est la glorification du dévouement à l'enseignement.

L'ambition d'enseigner a dominé la vie de Panas et réglé sa destinée. Alors que son imagination d'enfant s'éveillait sous le ciel de l'île où il était né, son esprit fut dirigé vers l'étude de la médecine. Il vint, pour satisfaire cette aspiration, prendre place dans les rangs des élèves de la Faculté de Paris; des succès brillants et répétés l'y retinrent. Devenu Français, il ne cessa d'avoir la claire conscience des devoirs que cette adoption lui imposait et sut être digne d'avoir deux patries.

Son Exc. M. le Ministre de Grèce a bien voulu témoigner en prenant place aujourd'hui près du Représentant du gouvernement de la République française. Nous le prions d'agréer la vive expression de notre gratitude.

Nous avons reçu de plusieurs ophtalmologistes étrangers l'expression du regret qu'ils éprouvent de ne pouvoir assister à cette inauguration. La Faculté de médecine de l'Université de Gand, voulant reconnaître les services rendus sur le terrain de la Clinique à une série d'ophtalmologistes belges par le professeur Panas, s'est fait représentée par son Doyen, M. le professeur Van Duyse. M. le professeur Hirschberg, de Berlin, empêché au dernier moment, devait assister à cette cérémonie pour affirmer la haute estime dans laquelle sont tenus, en tous pays, les travaux de notre collègue.

La liste de nos souscripteurs montre l'universalité de ce sentiment. Elle dit avec éloquence les amitiés, les sympathies et toutes les reconnaissances inspirées en France, en Grèce et dans de nombreux pays, par celui pour lequel les souscriptions se sont multipliées avec un si remarquable élan. Elles font, sous une forme particulière, son éloge et louent également ceux qui nous les ont adressées. Elles ont rendu facile la tâche du Comité; je m'acquitterais bien mal de la mission qu'il m'a confiée en ne disant pas ici toute notre reconnaissance.

Un maître sculpteur, M. Boucher, dont chacun connaît et admire le talent éprouvé, nous a donné à la fois le concours de son grand art et celui de son amitié pour Panas.

Le voici à sa consultation d'hôpital, à la place où si souvent il oublia l'heure qui aurait dû le trouver présent à la sienne. Son attention est tout entière à la petite malade qu'il examine; le geste familier, par lequel il avait coutume d'attirer l'attention des élèves qui l'entouraient, souligne les impressions qu'il leur transmet sur le cas qui lui est soumis. Tout est

démonstratif dans ce groupe si plein de vérité :
l'expression du visage est parlante, et ceux qui
désormais assisteront aux leçons données dans la
Policlinique Panas croiront encore entendre le maître
disparu.

Chacun de nos souscripteurs trouvera, dans la
médaille qui lui sera remise, la reproduction fidèle des
traits de la physionomie de Panas. Lorsqu'il la retour-
nera pour en admirer le revers, il verra dans une
composition remarquable où excelle l'artiste éminent
qui l'a conçue, le tableau de l'un des plus beaux
triomphes de l'art chirurgical : il écarte les ténèbres et
fait renaître l'aveugle à la vie en lui rendant le jour.
M. Bottée a pu, sans avoir connu Panas, en faire une
saisissante image. Dans ce visage calme, aux traits
accentués et fermes, se retrouve l'expression de la
volonté qui fut le secret de la persévérante unité de sa
vie, tandis que le scintillement du regard et le contour
des lèvres font deviner la finesse qui souvent l'aida à
réaliser ce qu'il voulait.

Il voulut surtout beaucoup savoir, toujours
apprendre et ne cesser d'enseigner qu'au jour de sa
retraite. Il possédait le don d'observer, aimait à vivre
dans l'intimité des faits et avait une prédilection
marquée pour leur minutieuse et fine analyse. Il avait
développé ce goût à l'école de Nélaton et perfectionna
ses aptitudes sous l'influence de cet illustre maître. Il
aimait à le répéter et à redire qu'il était resté son élève.
La préoccupation constante de la recherche des

nuances donnait naissance à des idées déliées et investigatrices qui inspirèrent ses recherches scientifiques. Cette disposition d'esprit l'attirait vers les choses délicates ; il s'abandonna bientôt à leur attrait.

Alors qu'il poursuivait, avec le succès que l'on sait, sa carrière de chirurgien, il fut de ceux qui s'engagèrent avec décision dans la voie ouverte par les révélations de Pasteur, et pratiqua avec succès les grandes et conquérantes interventions dont la réalisation avait si longtemps paru impossible ou coupable. Mais il était déjà attiré par la précision raffinée d'opérations dont le champ est limité et les bienfaits considérables. Il devenait ophtalmologiste de haute valeur tandis qu'il se montrait chirurgien de premier ordre.

Aussi, quand le gouvernement de la République réalisa les vœux de la Faculté de médecine de Paris, en créant les chaires qui inaugurèrent l'enseignement clinique des spécialités, Panas fut unanimement désigné pour l'ophtalmologie.

Dans son élévation au professorat, il trouva de nouvelles raisons d'aimer la partie de la chirurgie à laquelle il devait désormais s'adonner entièrement. Il se consacra à sa chaire avec la pensée d'organiser l'enseignement qui lui était confié et de le rendre définitif. Il obéit à cette idée, marcha vers le but et, pour sûrement l'atteindre, voulut confier à un successeur dont il avait su discerner le mérite et, qu'il savait digne de lui, le soin de continuer de développer son œuvre.

Ses leçons et ses opérations le passionnaient. Il avait une clarté parfaite, la clarté qui est, comme on l'a dit, la politesse des professeurs, et, pourrait-on ajouter, celle de l'opérateur quand il s'agit de la clinique chirurgicale.

Les mains du chirurgien doivent agir de manière à se faire bien comprendre. Panas opérait comme il parlait. Ses actes précis et ordonnés, toujours méthodiques, livraient aux assistants le véritable secret de la maîtrise opératoire. Aux qualités innées qui le distinguaient, il avait ajouté le calme parfait que donne l'habitude de tout prévoir. Elle le mit de bonne heure en pleine possession de lui-même. On s'instruisait en le regardant. Aucun des détails indispensables à une exécution parfaite n'était omis; chacun prenait son rang et venait à son moment.

Pareilles opérations n'ont d'autre lendemain que le succès, mais le patient qui les subit n'est pas seul à en bénéficier. Elles le guérissent et préparent la guérison de ceux qui auront dans l'avenir à se confier aux disciples qui ont constaté leurs résultats, et bien compris la décisive influence des techniques raisonnées.

Ainsi se continua pendant plus de vingt ans l'enseignement de l'ophtalmologie à l'Hôtel-Dieu de Paris. La maladie devait dans les dernières années lui créer des obstacles qui, pour tout autre que Panas, eussent été insurmontables. Mais il s'était identifié à sa tâche et la continua. Sa volonté fut la plus forte. Il calcula le temps pendant lequel il pouvait vivre et agir, et l'utilisa. Sa calme énergie lui permit de ne pas descendre de sa chaire avant le moment où il devait quitter l'enseignement. Ses souffrances, ses angoisses, les progrès du mal dont il suivait la marche en prévoyant avec exactitude ses conséquences, ne le détournèrent pas de ses devoirs. A son amoindrissement physique il opposa une résistance héroïque, et parvint à se survivre en continuant à vouloir.

Il y fut aidé et trouva près de lui la possibilité de ne pas fléchir. Dans la maladie comme dans la santé, dans la conquête de l'avenir comme dans la lutte pour reculer l'échéance de la vie, il fut soutenu à tous les instants par celle qui était associée à tous ses projets et avait adopté tous ses goûts, qui seule l'a entouré de ses soins et qui a voulu qu'il reposât dans le petit coin de France qu'il a tant aimé.

C'est bien à Roissy, mon cher ami, c'est bien dans votre clinique de l'Hôtel-Dieu que devaient être conservés et consacrés les souvenirs que nous lèguent votre affection, vos exemples, votre vie si belle, si dévouée, si utilement remplie.

MONSIEUR LE DIRECTEUR,

J'ai l'honneur de vous remettre au nom du Comité ce monument commémoratif. Nous sommes heureux que la garde en soit confiée à l'Assistance publique.

Déjà, vous avez associé l'Administration que vous dirigez à notre hommage, en donnant le nom de Panas à la Clinique ophtalmologique de l'Hôtel-Dieu. Nous avons trouvé près de vous la collaboration la plus empressée; vous avez secondé nos projets et facilité leur exécution. Il nous est agréable, aujourd'hui qu'ils sont réalisés, de dire combien nous avons été touchés de votre sympathie et de vous exprimer toute notre reconnaissance.

Discours de M. G. MESUREUR

Directeur de l'Assistance publique.

Monsieur le Ministre,
Messieurs,

Mon Administration vous remercie, Monsieur le Président, et remercie le Comité de lui confier la garde du monument élevé à la mémoire du professeur Panas.

Nous acceptons cette mission et nos successeurs l'accompliront, comme nous, avec le sentiment de la reconnaissance que nous devons à l'homme de bonté et de science qui a illustré cette maison.

Le vieil Hôtel-Dieu de Paris, berceau de notre grande organisation hospitalière, conservera pour la postérité l'image et le souvenir de celui auquel ses amis, ses disciples et ses élèves ont voulu payer le tribut de leur admiration en lui élevant ce monument. Aujourd'hui Panas revient parmi nous ; il reprend possession de cette clinique qu'il a fondée par une invincible persévérance et par une volonté tenace ; persévérance et volonté fortement étayées sur sa

maîtrise opératoire et ses certitudes scientifiques.
Le voici dans la clinique familière à laquelle chaque
jour il consacrait de longues heures, partagé entre ses
deux devoirs d'éducateur et de médecin des pauvres,
et nul ne pourrait dire quel était le plus sacré pour
lui, car il s'y donnait avec un égal dévouement : sou-
lageant les souffrances, guérissant les infirmités des
malheureux qui se pressaient à nos consultations ou
apportant, par son enseignement, plus de clarté dans
l'esprit de ses élèves, ouvrant leur intelligence à la
science comme il ouvrait à plus de lumière les yeux
voilés ou éteints.

Nous le garderons là, désormais, comme un forti-
fiant et noble exemple pour les jeunes générations
d'élèves qui se succéderont dans cette Clinique, encore
imprégnée de ses leçons et de ses doctrines scientifiques ; et ce marbre, dans la marche du temps, pren-
dra plus de grandeur et d'autorité ; la science aura pu
étendre son champ d'action, multiplier ses décou-
vertes, mais la gloire du précurseur restera solide et
incontestée.

L'image de celui qui occupa avec tant d'éclat la
première chaire d'ophtalmologie créée en France, sera
respectueusement saluée, chaque année, par les élèves
qui quittent votre enseignement pour entrer dans la
bataille de la vie et qui savent ce qu'ils doivent à
Panas du lourd bagage scientifique qu'ils emportent ;
elle sera également honorée, chaque jour, par nos
malades qui se sentiront sous la protection bienfai-

sante de ce maître, et son noble visage s'illuminera parfois quand, devant lui, ses successeurs auront fait une nouvelle conquête sur le mal.

Remplie du souvenir de Panas, vibrante encore de l'écho de sa parole, héritière de son enseignement, il était naturel et légitime que cette Clinique portât son nom, et le Conseil de surveillance de l'Assistance publique s'est associé avec empressement à l'hommage que vous rendiez à sa mémoire en approuvant à l'unanimité l'attribution du nom de Panas à la Clinique ophtalmologique de l'Hôtel-Dieu.

Permettez-moi de voir dans cette décision une manifestation nouvelle des liens étroits qui unissent l'Assistance publique à la Faculté de médecine de Paris, dans cet accord pour honorer la mémoire de l'un de vos plus illustres professeurs, dans le choix que vous avez fait de cet hôpital pour lui élever un monument, dans la confiance que vous nous témoignez en nous en remettant la garde, vous scellez de nouveau une union aussi féconde pour l'enseignement médical que bienfaisante pour les malheureux frappés par la maladie.

En dirigeant nos efforts vers ce double but, nous savons que nous ne nous trompons pas et que nous marchons, vous et nous, vers un même idéal : apporter plus de bonté et de justice entre les hommes en diminuant leurs souffrances et leurs misères. C'est que l'hôpital, comme le disait votre président dans cet Hôtel-Dieu même, « n'est pas seulement une école où

« l'instruction se développe et se perfectionne, on n'y
« apprend pas uniquement à soigner les malades, on y
« prend l'habitude de se dévouer. »

« Le milieu hospitalier dans lequel règne sans
« interruption la souffrance est un terrain où doit
« naître et grandir le dévouement, il n'en est pas de
« plus favorable au développement de ce sentiment de
« solidarité qui, malgré tant d'apparence autorisant
« le doute, existe dans le cœur des hommes. Il y fait
« parfois de longs sommeils ; que des circonstances
« favorables se présentent il s'éveille bientôt et y
« domine. »

Ce sont ces sentiments de dévouement à ceux qui
souffrent, de solidarité entre les hommes, si noblement
exprimés par M. le professeur Guyon, qui nous rappro-
chent et nous font les collaborateurs d'une œuvre
commune ; ce sont ces sentiments encore qui nous
ramènent au souvenir de Panas, car il les possédait à
un haut degré, et puisque mon jugement est incapable
de se prononcer sur le savant, je puis au moins louer
l'homme de cœur, de caractère et de devoir, je puis
le faire surtout comme représentant légal des pauvres,
et apporter ici au nom de la foule innombrable des
déshérités, qu'il a servis, l'hommage d'une reconnaissance profonde.

S'il nous fallait, à côté de sa supériorité intellec-
tuelle, un gage de la supériorité morale de Panas, nous
le trouverions dans la longue amitié, que la mort seule
a rompue, qui le liait avec votre président, M. le

professeur Guyon ; l'avenir saluera ces deux savants comme les représentants les plus autorisés d'une époque glorieuse pour la chirurgie française, mais ce qu'il admirera davantage, c'est le zèle pieux avec lequel notre vénéré doyen a réuni les matériaux de ce monument, la passion qu'il a mise à inspirer l'artiste éminent qui a fait vivre ce marbre, la hâte qu'il a apportée à inaugurer cette statue sur le champ de bataille même où Panas a remporté tant de victoires. Ne semble-t-il pas que la gloire de l'ami disparu soit une part de la sienne ?

De si beaux exemples, de si nobles caractères nous reportent à nos souvenirs classiques et, par un rapprochement naturel, nous nous rappelons que Panas vit le jour sur le sol de cette Grèce antique qui a si profondément pénétré l'âme française ; nous lui sommes reconnaissants d'avoir fait de la France sa patrie d'adoption, et nous, qui avons fait de la Grèce notre patrie idéale d'art, de beauté et de liberté, nous comprenons qu'il ait pu aimer ces deux patries sans être infidèle à aucune.

Quand Panas, à l'apogée de sa gloire, fatigué de sa longue tâche, suivait sur lui-même les progrès du mal inéluctable qui devait l'emporter, sa pensée parfois devait se reporter vers les paysages lumineux de Céphalonie où il avait vécu dans sa jeunesse, il devait rattacher, à travers les âges, la chaîne des hommes qui ont illustré sa patrie grecque et pensait sans doute, lui l'ouvrier laborieux d'une œuvre de science et de bonté humaine, qu'il n'avait pas démérité. Peut-être aussi eut-il le regret de ne pas vivre au temps de l'*Iliade*. Il aurait eu la joie de rencontrer sur la route de la vieille Samos le divin Homère, pour rendre à ses yeux morts la vue de l'immortel soleil, baignant de ses rayons ardents toutes les républiques de l'Hellade !

Discours de M. N. DELYANNI

Ministre de Grèce à Paris.

En prenant la parole pour apporter au nom de la
Grèce un hommage à la mémoire du professeur Panas,
je dois remercier l'éminent président du Comité des
termes si sympathiques dont il a bien voulu se servir
pour accueillir ma présence à cette cérémonie, à
laquelle l'origine du Dr Panas et la vieille et sincère
amitié qui me liait à lui depuis plus de trente ans me
faisaient un double devoir d'assister.

Je n'entreprendrai pas d'énumérer ici les mérites
du savant que d'autres, plus autorisés que moi, vous ont
déjà exposés et vous diront encore. Je me bornerai à
relever les qualités d'esprit et de cœur, et à retracer
brièvement la vie, entièrement vouée à la science et au
soulagement de l'humanité, de cet homme de bien
que l'Hellade s'honore de compter parmi ses enfants.

Le professeur Panas, qui vit le jour dans l'île de
Céphalonie, quitta très jeune sa terre natale, et vint à
Paris pour y trouver cet enseignement que son esprit
avide de savoir avait rêvé. Il est, en effet, aussi remarquable que touchant d'observer qu'après avoir attiré
pendant des siècles, par la supériorité de son ensei-

gnement et la beauté de son art, les représentants du monde entier, la Grèce envoie aujourd'hui, à son tour, ses enfants, à ce centre de la civilisation et des lumières, à cette France si hospitalière, pour y puiser les connaissances les plus élevées dans toutes les branches des sciences, des lettres et des arts.

Panas vint donc à Paris et s'y livra avec ardeur à l'étude de la science vers laquelle il était porté ; le succès couronna ses persévérants efforts.

Les encouragements, d'autre part, qu'il rencontra auprès de ses maîtres, séduits par sa grande intelligence, sa mémoire prodigieuse, son inlassable aptitude au travail lui imposèrent de plus hautes ambitions. Il n'hésita pas à aborder les concours. Successivement et sans le moindre répit, il gravit tous les échelons de la hiérarchie médicale jusqu'au jour où, son mérite, ses travaux et son initiative le signalèrent au choix de ses collègues réunis, qui le consacrèrent chef de l'enseignement ophtalmologique de la Faculté de médecine de Paris.

Il nous faut, en vérité, admirer la vie toute de labeur et de dévouement de ce savant, de ce maître éminent ! Parti tout jeune de Grèce, sans aucun appui, il sut par sa ténacité, son courage, son désir incessant de tout approfondir, son amour ardent pour la science, parvenir aux plus hautes destinées et fonder cette école ophtalmologique qu'il illustra. A aucun moment, cependant, durant sa longue et brillante carrière, il ne perdit le souvenir de sa mère-patrie.

Je sais avec quelle affabilité, quelle bonté, il recevait nos compatriotes malheureux et souffrants ; je sais aussi avec quelle bienveillance il accueillait nos jeunes étudiants et l'intérêt tout particulier qu'il ne cessait, en toutes circonstances, de leur témoigner. Panas était toujours prêt à être utile et à protéger, par son appui, ses conseils et sa haute influence.

Bien plus, aux jours malheureux, vous savez comment il a servi et sa patrie d'adoption et sa patrie natale. En 1870, en sa qualité de chirurgien, il apporta sans compter tout son dévouement et toute sa science à ceux qui souffraient pour la défense du sol français ; en 1897, il prenait une large part à la formation d'une ambulance, organisée à ses frais, à ceux de sa famille et de quelques membres de la colonie hellénique de Paris. Expédiée à Athènes, elle fonctionna très utilement pendant la guerre gréco-turque.

Sa Majesté le Roi des Hellènes, en récompense de tous les services que Panas avait pu rendre à nos compatriotes venus en France, et pour mieux reconnaître l'éclat qu'il faisait rejaillir sur son pays d'origine, lui avait décerné les plus hautes distinctions honorifiques.

C'est en son nom, en celui de mon gouvernement et de la colonie hellénique de Paris que je viens m'associer à l'hommage si éclatant et si mérité rendu à l'impérissable mémoire du professeur Panas et présenter à sa très digne compagne le tribut de notre respect et de notre admiration.

Puissent les jeunes Hellènes, qui bénéficieront désormais du généreux accueil que la France et son gouvernement — dont je suis heureux de remercier ici les représentants officiels — ont toujours accordé à nos compatriotes, prendre pour exemple la vie du Maître éminent et honorer à la fois leur patrie d'adoption et la mère-patrie.

DISCOURS

DE

M. LE PROFESSEUR DEBOVE

Doyen de la Faculté de médecine.

——— ———

Le professeur Panas n'était point né parmi nous ;
il était originaire des îles Ioniennes et fut naturalisé
Français. Il atteignit cependant les plus hauts emplois
de notre profession, parce que notre Patrie, toujours
généreuse, ne distingue pas ses enfants adoptifs de
ceux issus de son sang. Et d'ailleurs, en adoptant un
Hellène, elle ne fait que manifester sa reconnaissance
pour l'illustre nation dont nous sommes les fils par
l'art et la science ; car les dieux de l'Olympe sont
immortels, leur mort est apparente ; nous leur devons
de ne pas être des barbares.

Panas montrait dans son enseignement toute la
lucidité du génie grec ; il professait avec simplicité,
ne se laissant pas séduire par ces théories nuageuses
comparables aux oracles des sibylles, que chacun
accommode à ses désirs et qui s'évanouissent au clair
soleil de la Raison.

Des voix plus autorisées que la mienne diront, mon cher Collègue, votre œuvre scientifique; je rappellerai seulement les qualités de votre cœur. Vous n'avez laissé parmi nous que des amis, et cette cérémonie leur fait tristement ressentir l'amertume de votre perte.

DISCOURS

DE

M. LE PROFESSEUR VAN DUYSE (de Gand)

(au nom des Facultés de médecine de l'étranger.)

MONSIEUR LE MINISTRE,

MESDAMES, MES HONORÉS COLLÈGUES ET CONFRÈRES,

Cette cérémonie réunit dans une pensée commune de regrets et d'admiration les élèves et les amis du professeur Panas.

Elle redit la gloire d'un maître éminent entre tous.

La Faculté de médecine de l'Université de Gand a chargé son doyen de porter ici l'hommage ému de ses professeurs.

Les Facultés médicales de la Belgique et de l'étranger me permettront d'y joindre l'expression des sentiments de gratitude que plusieurs de leurs membres doivent à la mémoire du fondateur de l'enseignement ophtalmologique à la Faculté de Paris.

De même que ses savants collègues des hôpitaux et cliniques de la capitale, notre regretté maître accueillait les médecins étrangers avec une bienveillance qui rehaussait d'un prestige infini son grand savoir.

Beaucoup de mes compatriotes ont reçu à sa clinique la plus belle de toutes les hospitalités, l'*hospitalité scientifique*.

Ils l'ont reconnu en le proclamant membre d'honneur de la *Société belge d'ophtalmologie*. Jusqu'ici cette distinction n'est allée qu'au professeur Panas.

Mes confrères de Belgique m'ont confié la mission de porter devant ce noble monument le tribut de leur respectueux hommage, de leur reconnaissance, de leur admiration.

Ils ont loué le savant. Ils ont fait mieux : ils l'ont aimé. Aujourd'hui, ils le pleurent.

Tels sont également les sentiments qui animent de nombreux collègues de l'étranger. Avec Panas, ils ont acquis, sans peine aucune, la certitude que la science n'a pas de frontières.

Éducateur admirable, sur le terrain de la clinique, Panas leur a légué une parcelle de sa vaste érudition. Il savait aussi leur communiquer cette soif de vérité scientifique, la vraie marque de son caractère.

Par là il les a grandis.

Tous demeurent convaincus que sa mémoire ne saurait périr.

Messieurs, nous sommes venus demander à l'enseignement de l'illustre clinicien une extension du patrimoine scientifique que nous avaient laissé nos propres maîtres.

Il m'est doux de pouvoir le proclamer devant cette assemblée d'élite, dans un pays où l'Art et la Science, ces deux formes de la Vérité, sont l'objet d'un culte passionné, profond, éternel.

Panas a consacré sa vie à la science. Il a donc bien mérité de sa patrie d'adoption.

Son fécond enseignement a ennobli l'ophtalmologie, et l'ophtalmologie, Messieurs, est l'un des beaux fleurons de votre couronne médicale. Panas l'a ornée de pierres précieuses : il les a serties avec la sincérité, la probité, la conscience scientifique, qui étaient en lui. Son œuvre l'atteste.

Il fut un maître généreux.

Il nous apparaît grand.

L'ingratitude envers lui serait monstrueuse.

Dans notre âme à tous jaillit en ce moment une fleur inflétrissable. Elle n'est point née en terre de rhétorique. Elle s'appelle la *reconnaissance.*

Messieurs, Panas n'est pas mort.....

Dans cette enceinte, où respire son âme immortelle, le maître est au milieu de nous : il est dans nos cœurs qui battent au souvenir de sa voix et de son sourire;

Il est dans les mains fraternelles de ses élèves de tous les pays : ces mains se cherchent et s'étreignent en souvenir de lui...

DISCOURS

DE

M. LE PROFESSEUR F. DE LAPERSONNE

Monsieur le Ministre,
Mesdames, Messieurs,

Par une admirable inspiration, avec une simplicité de moyens et une justesse d'expression remarquables, l'éminent et consciencieux artiste, à qui nous devons cette belle statue, a fait revivre Panas dans un geste d'enseignement. Il a de plus symbolisé d'une façon touchante la confiance affectueuse que notre vénéré Maître savait inspirer à ses malades.

C'est bien ainsi que pendant plus de vingt ans nous l'avons vu dans cette même salle de consultations. Le front haut, les yeux profonds et vifs, le regard fixé sur son auditoire, les lèvres amincies par une légère contraction, le corps droit serré dans une redingote toujours correcte, avec le tablier d'hôpital fixé un peu haut, il va commencer, à propos du sujet qui lui est présenté, une de ces conférences où s'affirment son incomparable bon sens clinique, sa profonde érudition, son esprit éminemment généralisateur.

Autour de lui se pressent les élèves, qui viennent se perfectionner dans l'oculistique, les médecins étrangers, attirés par l'universelle réputation du chef de l'École ophtalmologique française, les jeunes chirurgiens, qui n'oublient pas les origines du maître et savent trouver dans ses leçons des aperçus ingénieux, des échappées vers la chirurgie générale dont ils pourront profiter.

Son matériel d'enseignement, ce sont les malades au service desquels il apporte une très grande habileté chirurgicale, une merveilleuse sûreté de main, unies à un dévouement inlassable. Aussi leur nombre va-t-il sans cesse s'accroissant : de huit cents nouveaux inscrits en 1881, il montera à près de six mille pour la dernière année de son activité, en 1901.

Quelle somme de travail, quelle ténacité patiente, quelle foi d'apôtre il a fallu à Panas pour créer cet enseignement de toutes pièces et le mener au degré de perfectionnement dans lequel il l'a laissé, tous ceux qui l'ont vu à l'œuvre, et dont beaucoup sont ici aujourd'hui, peuvent venir en témoigner.

Nul mieux que lui d'ailleurs n'était préparé au rôle qu'il devait être appelé à remplir. Élevé à la forte école de l'Internat et du Prosectorat, sous des maîtres comme Nélaton et Laugier, agrégé de la Faculté et chirurgien des hôpitaux, anatomiste aussi bien que physiologiste, capable de s'illustrer dans l'une quelconque des branches de la médecine, il n'avait jamais manqué une occasion d'affirmer ses préférences. Sa thèse de doctorat est intitulée : *Anatomie des fosses nasales et des voies lacrymales*, et l'un de ses premiers travaux, inséré aux *Bulletins de la Société de chirurgie* pour 1865, s'occupe de la *paracentèse de la sclérotique contre certains glaucomes*. Il s'était chargé, dès 1869, de la consultation des maladies des yeux au Bureau central et il l'a continuée pendant très longtemps sans une défaillance, malgré le surcroît de labeur auquel il devait faire face et le mince profit immédiat qu'il paraissait pouvoir en tirer. Même pendant le siège de Paris, tout en faisant un double service de chirurgien à l'hôpital Saint-Louis et à l'hôpital militaire de Saint-Martin, il continuait régulièrement cette consultation : l'une de ses observations les plus judicieuses sur l'*amblyopie toxique* date de cette époque.

Dans les différents services qu'il avait été appelé à diriger à Saint-Antoine, à Saint-Louis, à Lariboisière surtout, il avait organisé des services spéciaux de maladies des yeux, à côté des salles de chirurgie générale. Ce n'est pas à dire pour cela qu'il négligeât son rôle de chirurgien et d'opérateur : ses nombreuses communications à la Société de chirurgie et à l'Académie de médecine suffisent à prouver le contraire. C'est alors qu'il faisait paraître ses beaux travaux sur les articulations et sur les paralysies du nerf radial, qu'il présentait divers mémoires sur des opérations d'ovariotomie, suivies de guérison. Le soin extrême qu'il apportait aux pansements de ses opérés lui permettait déjà d'aborder la chirurgie abdominale. Il disait volontiers que ce qui avait fait le succès des chirurgiens anglais, c'est qu'ils savaient opérer proprement et il s'appliquait à les imiter.

Jusque-là c'est à titre privé et poussé par une tendance naturelle qu'il avait fait à ses élèves des leçons sur les maladies des yeux. Mais la Faculté comprenait de plus en plus l'intérêt des enseignements spéciaux, depuis si longtemps et si largement représentés dans les Universités étrangères; en 1873, elle chargeait Panas d'un cours complémentaire d'ophtalmologie. Pendant six années consécutives, il fit régulièrement des cours sur le *strabisme* et les *paralysies oculaires*, sur les *voies lacrymales*, les *kératites*, les *rétinites* et les inflammations des membranes profondes de l'œil. Ses leçons, recueillies avec un soin pieux et publiées en plusieurs volumes par ses élèves, forment des études magistrales qu'il faut consulter à chaque instant et où se retrouvent les qualités dominantes du maître, sa clarté méthodique, son souci de la documentation rigoureuse.

Ainsi Panas accumulait des titres ophtalmologiques et lorsqu'en 1879 le gouvernement de la République dotait la Faculté de Paris de plusieurs chaires de cliniques spéciales, la Clinique ophtalmologique lui était attribuée de plein droit. On sait les magnifiques résultats obtenus par cette grande réforme de la spécialisation dans l'Enseignement médical, grâce à des hommes comme Charcot, Fournier, Guyon, Panas. Ces résultats ont permis à l'administrateur éminent qui dirigeait l'Enseignement supérieur d'appliquer méthodiquement un programme mûrement étudié, d'étendre cette réforme, d'en faire bénéficier les Facultés et Écoles de médecine de province. Et c'est pour rappeler cette date importante dans l'histoire de nos Facultés, autant que pour honorer la mémoire d'un des meilleurs ouvriers de cette œuvre que M. le Ministre de l'Instruction publique nous fait le très grand honneur de présider aujourd'hui cette cérémonie.

Devenu professeur, Panas eut la conscience absolue de la grandeur de sa tâche et il y appliqua sa haute intelligence et sa grande puissance de travail. Il fallait installer la Clinique ophtalmologique dans des locaux peu appropriés à l'usage auquel ils étaient destinés : il obtint du bienveillant concours de l'Administration de l'Assistance publique tout ce qu'il était possible de lui donner : l'importance toujours croissante de ce service a rendu cette installation insuffisante.

Panas consacrait de longues heures au laboratoire et il revenait fréquemment y travailler dans la journée avec ses élèves pour préparer ses importantes communications. De là sont sorties ses belles recherches sur la *cataracte* et la *rétinite naphtalinique*, sur les *courants nutritifs de l'œil*, ses nombreux travaux d'anatomie pathologique sur le *glaucome*, les *tumeurs du globe* et tant d'autres.

Mais c'est surtout dans la matinée qu'il se donnait tout entier à son enseignement, faisant certains jours successivement la consultation externe, une leçon clinique à l'amphithéâtre et de nombreuses opérations. Malgré son apparence un peu frêle, il ne paraissait jamais ressentir de fatigue. Dans ses leçons, comme dans ses conférences de policlinique, il entassait les arguments pour bien se faire comprendre de ses auditeurs et pour entraîner leur conviction. Il ne craignait pas de revenir fréquemment sur les questions difficiles ou controversées, oubliant souvent l'heure lorsqu'il abordait un de ses sujets préférés. Il ne se hâtait jamais et quand on l'écoutait pour la première fois, on pouvait croire qu'il était froid de caractère et de tempérament. Ceux qui l'avaient suivi davantage et le connaissaient mieux avaient surpris des éclairs de vivacité vite réprimés ; ils savaient que par sa volonté seule il s'était imposé le calme et le sang-froid dont il faisait preuve.

Appliquée à la chirurgie oculaire, son habileté manuelle lui avait donné tout de suite une supériorité incontestable, et c'était pour ses élèves une des parties les meilleures de son enseignement que de le voir opérer. Sans parler de la chirurgie orbitaire, il pratiquait l'opération plus délicate de la cataracte avec une adresse merveilleuse, faisant l'incision cornéenne d'un seul mouvement du couteau de Graefe, par un véritable *tour de maître* dont les oculistes connaissent la difficulté. J'ai raconté ailleurs comment un des ophtalmologistes les plus connus des États-Unis, se sentant menacé de la cataracte, visita presque toutes les cliniques d'Europe et, bon juge en la matière, il se confia à Panas lorsque l'opération fut devenue nécessaire.

Autant dans son enseignement oral Panas était abon-
dant, autant son style était sobre. Dans la préface de
son *Traité des Maladies des yeux*, paru en 1894 et qui
a été comme le couronnement de son œuvre, il écrivait:
« Les conditions que doit remplir un ouvrage didactique
sont avant tout la concision et la clarté, la recherche
sans parti pris de la vérité scientifique et la maturité du
jugement, fondée sur une vaste expérience, qui seule
permet à l'auteur de discerner le vrai du faux et de juger
chaque chose à sa valeur. De là découle l'unité de l'œuvre à laquelle les meilleurs collaborateurs ne sauraient
suppléer. » On peut dire que jamais livre n'a mieux
répondu au programme tracé par son auteur.

Placé à la tête de la première chaire de Clinique
ophtalmologique, notre Maître considérait comme un
devoir de sa charge d'accueillir tous les progrès de la
science ophtalmologique française et d'aider de tout
son pouvoir à son développement. Avec de dévoués collaborateurs, il créa les Archives d'ophtalmologie. Il fut
l'un des fondateurs de la Société française d'ophtalmologie. En toute occasion, il représenta la France dans
les Congrès internationaux avec une dignité parfaite et
une haute autorité scientifique. On se souvient avec
quelle ardeur, quel dévouement, malgré les premières
atteintes du mal, il organisa la section d'ophtalmologie
du Congrès de 1900 et quel juste tribut d'hommages lui
fut apporté par les savants français et étrangers dans
cette grande réunion. Jugeant indispensables la création
d'une Agrégation spéciale d'ophtalmologie et la nomi-

nation au Concours d'oculistes des hôpitaux, il n'avait cessé de réclamer dans les conseils de la Faculté et de l'Assistance publique cette importante réforme. Il n'aura pas vu la terre promise, mais ses actives démarches ont porté leurs fruits et bientôt, nous en avons le ferme espoir, nous verrons son rêve réalisé.

Nous devons une éternelle et bien vive reconnaissance à Panas pour tout ce qu'il a fait pour la science ophtalmologique française, pour la Clinique de l'Hôtel-Dieu, pour ceux qui s'enorgueillissent d'avoir été ses élèves. Aussi, au nom de nos collaborateurs, au nom de nos élèves français et étrangers, je remercie profondément tous ceux qui ont contribué à faire placer dans cette salle le monument du fondateur de l'Enseignement ophtalmologique de la Faculté de Paris. Il sera pour nous un exemple toujours présent et nous rappellera les devoirs que nous avons à remplir envers la science et l'humanité.

DISCOURS

DE

M. le Professeur agrégé Ch. NÉLATON

Messieurs,

C'est au nom des anciens élèves de Panas que je prends aujourd'hui la parole, mais ce n'est pas seulement parce que j'ai été l'interne de Panas que cet honneur m'a été réservé, c'est aussi et surtout parce que je suis le fils de son maître Nélaton.

Bien d'autres, en effet, eussent été plus qualifiés ou plus habiles pour vous dire quel chirurgien érudit. quel savant ophtalmologiste était Panas ; mais personne mieux que moi ne saurait vous montrer quel homme de cœur il fut. Personne n'a été mieux placé que moi pour savoir quelle ardeur il cachait sous une apparence froide et quelle fut sa passion pour la chirurgie, pour ses maîtres et pour ses élèves.

C'est à vous rappeler ce caractère passionné que je veux simplement m'attacher ; ainsi l'inauguration d'aujourd'hui vous apparaîtra bien juste, et bien mérité l'hommage que nous rendons à un homme qui consacra toute sa vie au progrès de la science française et à l'éducation des élèves.

Ce n'est donc pas une biographie que je fais ici et je ne vous dirai pas comment Panas, né en Grèce, dans une famille qui aimait la médecine, vint en France pour y faire ses études médicales, — je ne le sais pas. — Des relations de famille le poussaient à aller en Angleterre, des facilités plus grandes lui étaient offertes en ce pays pour y passer le temps nécessaire à ses études. Cependant Panas vint en France.

Il y passa très facilement ses premiers examens, devint externe, puis interne, et s'orientait vers la médecine lorsqu'il se décida à faire de la chirurgie. Voici comment : Panas était en seconde année d'internat lorsque, par hasard, il eut l'idée de concourir au prix de l'École pratique. Parmi les membres du jury de ce concours se trouvait Nélaton. Ce dernier fut séduit par l'étendue déjà grande et la précision des connaissances de Panas, et au sortir de la dernière séance du concours, dans la cour de l'École, il aborda le lauréat, le questionna sur ses projets d'avenir et l'engagea à faire de la chirurgie. Pour plus de sûreté il lui proposa une place d'interne dans son service dès l'année suivante. Panas accepta. Il était voué à la chirurgie.

Mon père, vous excuserez cette vanité filiale, était un homme privilégié dont la plupart des élèves reconnaissaient et acceptaient franchement la supériorité.

Les uns vantaient l'intérêt, la clarté de son enseignement, d'autres louaient son bon sens et sa sagacité
clinique, tandis que d'autres encore admiraient sa
hardiesse et son habileté opératoires.

J'ai toujours pensé que chacun admire surtout dans
son maître les qualités qu'il possède en lui-même et
que son instinct le guide vers celui qui saura le mieux
féconder les germes que son propre cerveau renferme.

Ce que Panas admira chez mon père, ce fut la
précision de ses connaissances et son ingéniosité à
s'en servir pour établir un diagnostic ou pour diriger
un traitement. Ce furent ces qualités-là qui le sédui-
sirent et ce furent ces mêmes qualités qu'il cultiva en
lui-même pendant toute sa carrière ; ce sont celles qui
caractérisent son œuvre.

Je ne veux certes pas entrer ici dans l'analyse des
travaux de Panas, mais je veux cependant vous donner
la certitude que ce que j'avance est vrai. Je prendrai,
comme exemple, l'étude des paralysies motrices dont
Panas s'est particulièrement occupé.

La paralysie du nerf radial entraînant brusquement
la chute du poignet était constamment réputée d'origine rhumatismale. Panas n'accepta point cette formule
toute faite. Par l'analyse minutieuse de faits nombreux,
il établit que cette paralysie est ordinairement d'origine
traumatique. Entre bien des exemples, il racontait
avec bonheur comment, voyant venir à sa consultation
d'hôpital un jeune homme avec la main pendante et

présentant tous les symptômes de la paralysie radiale, il avait pu découvrir la façon dont elle s'était produite.

Le jeune homme, qui n'appartenait pas à la plus haute classe de la société, avait passé la soirée dans un théâtre parisien, et absorbé par l'intérêt de la pièce, il était resté pendant plusieurs heures le bras nonchalamment et fortement appuyé sur la barre d'appui qui permet aux spectateurs des galeries supérieures de se pencher en avant pour mieux suivre les péripéties du drame. La contusion du nerf radial, longtemps prolongée au point le plus superficiel de son trajet, était évidente et apparaissait dès lors comme la cause très simple de la paralysie. La théorie de Panas était confirmée.

Dans le même ordre d'idées, il montre la griffe cubitale en relation fréquente avec une exostose traumatique humérale et enseigne que cette impotence des deux derniers doigts peut être facilement guérie d'un simple coup de ciseau qui supprime l'exostose. Une analyse très scientifique et très délicate permettait seule cette jolie intervention.

Ses travaux sur le strabisme externe consécutif à un traumatisme cranien sont conçus dans le même esprit. Ils démontrent l'existence d'une fracture de la pointe du rocher au point où passe le moteur oculaire externe.

Les recherches sur l'hydrocèle dite essentielle que Panas rattache à une irritation de la prostate ou de l'épididyme, celles qui ont trait à la disposition anato-

mique des fosses nasales, au traitement des fractures
de cuisse, etc., etc., ont toutes le même caractère.

Panas s'attacha toujours à résoudre les problèmes
pathologiques difficiles. Il chercha toujours à établir,
par une étude fine et délicate, un diagnostic précis per-
mettant d'obtenir une guérison par une intervention de
minime gravité, et lorsqu'il avait heureusement résolu
un semblable problème il en éprouvait une joie véritable. Il aimait à raconter longuement à ses élèves les
diverses phases de l'observation. Ce mode d'enseignement avait pour lui un grand attrait.

Cette manière de comprendre notre métier et
d'exercer notre art n'est possible qu'avec une instruction très vaste, unie à un esprit d'observation très
éveillé. C'est un phénomène parfois peu apparent qui
attire l'attention, elle ne saurait donc être distraite, et
l'interprétation de ce phénomène veut une intelligence
très préparée à en saisir la valeur.

Aussi Panas était-il un homme très instruit. Dès les
premières années de ses études il avait compris que
pour faire la chirurgie qu'il aimait, qui était une
chirurgie scientifique, il lui fallait des connaissances
extrêmement étendues et aussi bien en anatomie qu'en
physiologie avait-il acquis une véritable érudition.

Ses années d'adjuvat et de prosectorat avaient été,
bien entendu, consacrées tout entières à l'enseignement
anatomique de l'École pratique, mais il faisait en outre
et constamment des recherches originales personnelles.

Les cours de physiologie de Cl. Bernard l'avaient

comme auditeur assidu et je lui ai souvent entendu répéter qu'il n'aurait pas manqué une de ces leçons, sans intérêt direct pour son art et qui eurent une énorme influence sur son instruction générale.

Pendant ces années et celles qui suivirent immédiatement le prosectorat, Panas prépara le concours du Bureau central et de l'agrégation, il donna alors un travail énorme. Il nous disait volontiers, quand plus tard nous préparions ces mêmes concours : « Il ne faut jamais s'arrêter, il faut absorber toutes les connaissances possibles ; le candidat peut être comparé à une éponge qui s'imbibe et se remplit ; plus tard il éliminera aisément tout ce qu'il jugera inutile. »

La quantité d'idées, de notions, que Panas avait ainsi emmagasinée, et cela par goût et par une sorte de besoin naturel, était considérable, et comme il continua toujours à travailler et qu'il augmenta toujours son acquis, on peut dire que Panas fut un des chirurgiens les plus instruits qu'il y eut jamais.

Ce fut précisément l'étendue de son instruction générale, unie au besoin de connaître les choses d'une manière complète, qui le conduisit à se spécialiser. Il vit la somme des travaux accomplis dans toutes les parties de notre art augmenter de telle façon qu'il devenait impossible à un homme, quelque fut son labeur, de les posséder réellement, et il comprit la nécessité de limiter son champ de travail sous peine d'avoir une instruction superficielle, ce à quoi il n'aurait jamais consenti.

Les circonstances lui firent choisir l'ophtalmologie comme spécialité, mais il eut pu tout aussi bien prendre l'orthopédie. Ses travaux sur les maladies articulaires, la publication qu'il avait faite des leçons d'orthopédie de Malgaigne l'y avaient largement préparé. Je pourrais presque dire la même chose en ce qui concerne la gynécologie dont il s'était longuement occupé pendant son passage à l'hôpital de Lourcine.

On voit donc que lorsque Panas se spécialisa, son instruction était vaste et s'étendait sur bien des points.

Dans la partie de la chirurgie où il se renferma, il voulut, par exemple, tout embrasser et tout connaître. Lorsqu'il créa la chaire de l'Hôtel-Dieu, il voulut que les études scientifiques pures marchassent de pair avec les études pratiques, et cela dès l'origine même du service, dès le début de son fonctionnement, estimant qu'une bonne pratique ne peut exister si elle n'a pas pour base une parfaite instruction théorique.

Lui-même présidait à tous les travaux ; la surveillance et la direction de ses laboratoires le passionnaient autant que l'examen des malades ou la pratique des opérations. Dès les premiers mois de son installation, il commençait, avec notre ancien collègue Remy, la publication d'un atlas d'histologie pathologique qui était l'origine d'une suite ininterrompue de publications parues successivement dans les archives d'ophtalmologie. Car Panas avait voulu que tous les éléments de travail réunis à l'Hôtel-Dieu aboutissent à une large production scientifique et il avait fondé un journal

auxquels ses élèves apportaient tour à tour le fruit de
son enseignement.

La passion de Panas pour la chirurgie, son ardeur à
marcher chaque jour dans la voie du progrès furent
certes ses qualités maîtresses ; mais il en est d'autres
qu'aujourd'hui surtout je veux mettre en lumière. Ce
sont : sa gratitude envers tous ceux qui lui avaient
favorisé le travail, sa reconnaissance envers son
pays d'adoption, l'affection profonde qu'il garda à ses
maîtres, l'amitié fidèle dont il entoura ses élèves.

Dans sa reconnaissance comme dans ses affections,
nous retrouvons Panas l'homme passionné qu'il était
au travail.

A peine nommé professeur de la chaire d'ophtalmologie, Panas pensa ne pas pouvoir mieux témoigner
sa reconnaissance à son pays qu'en le dotant d'un
enseignement modèle. Il parcourut les diverses
cliniques étrangères, vit toutes choses par lui-même, se
renseigna sur tout et créa à l'Hôtel-Dieu une clinique
qui peut soutenir sans crainte toutes les comparaisons.

Il voulut aussi que les maîtres français qui s'étaient
illustrés par leurs travaux en ophtalmologie ne fussent
point oubliés, et il fut le promoteur de la souscription
ouverte pour élever un monument à Daviel rappelant
ainsi la part importante que la science française avait
prise aux débuts des études ophtalmologiques.

Sa reconnaissance vis-à-vis de ses maîtres fut sans
bornes. Il suffisait d'entendre Panas parler quelques

instants de Nélaton ou de Laugier pour comprendre quelle affection profonde il avait voué à ces deux maîtres ; il suffisait de l'entendre apprécier les travaux de Duchenne de Boulogne, de Ricord, pour savoir de quelle estime il les entourait.

Vis-à-vis de ses élèves, Panas fut le maître le plus dévoué, l'ami le plus sûr que l'on puisse imaginer. Il ne négligeait rien pour faciliter leur travail, pour favoriser leur instruction; il les guidait, voyait quelles étaient leurs aptitudes et, par de judicieux conseils, savait leur éviter de déplorables échecs ou leur préparer des succès.

Je crois qu'il y a bien peu de ses élèves qui n'aient ressenti les effets de sa constante sollicitude. Heureux de leurs succès, malheureux de leurs revers, il s'employait constamment à les servir.

Aussi Panas a-t-il laissé dans les cœurs de tous ceux qui l'ont approché un profond souvenir et je crois exprimer la pensée de tous en disant que le monument que nous inaugurons aujourd'hui est un bien juste hommage élevé à la mémoire d'un homme qui a consacré toute sa vie au travail et qui a donné toute son affection à ses maîtres et à ses élèves.

Discours de M. JACCOUD

Secrétaire perpétuel de l'Académie de médecine.

Monsieur le Ministre,
Mesdames, Messieurs,

Durant trente années, une amitié sans nuages nous unit, Panas et moi, d'un indissoluble lien ; c'est au nom de cette amitié que je me permets de prendre la parole en cette touchante cérémonie. Mais il n'est pas à craindre que ce sentiment m'égare en une amplification de louange hostile à la vérité ; car ici, la partialité, quelque aveugle qu'on la suppose, ne saurait outrepasser les droits d'une clairvoyante équité.

Les honneurs posthumes rendus au professeur Panas par ses collègues, ses amis, ses élèves, ses admirateurs, et ses obligés des deux mondes, la présence du Ministre, Grand Maître des Universités, démontrent à tous, et à toujours, que la France a dû s'applaudir d'avoir accueilli ce digne fils de l'Hellade, et qu'il a richement justifié son adoption.

C'est qu'en effet les services de Panas sont de ceux qui ne peuvent pas être mesurés : ils ne sont pas bornés à l'influence féconde de ses leçons ; ils ne sont pas restreints à la valeur éducatrice de ses travaux ; une portée supérieure les distingue entre tous, c'est le bienfait illimité d'une institution nouvelle.

Panas a fondé l'École ophtalmologique française, délivrant ainsi la France de la suprématie de l'étranger, dominateur jusqu'alors incontesté de cette branche de l'enseignement.

La chose est notoire, mais un témoin aime à en redire les preuves.

En 1873, la Faculté, ouvrant timidement ses portes aux spécialités, décide un cours d'ophtalmologie.

Or, depuis 1863, Panas était agrégé de chirurgie, et chirurgien des hôpitaux ; chargé au Bureau central de la consultation pour les maladies des yeux, il avait, dès 1869, continué cet office à Saint-Louis d'abord, puis à l'hôpital Lariboisière, où j'eus le plaisir d'être longtemps son collègue.

Le cours projeté ne pouvait donc avoir un meilleur titulaire ; il lui fut confié.

Tel en fut le succès que cinq ans plus tard, en 1878, Bardoux étant ministre, le gouvernement résolut de transformer le cours complémentaire en une chaire magistrale ; et par décret du 2 février 1879, elle fut logiquement attribuée à l'agrégé qui avait posé les premières et solides assises de cette école, que consacrait la sanction officielle.

C'est ainsi, aucun doute n'est possible, que le

chargé de cours fut le véritable promoteur de la chaire qu'il devait illustrer.

Les titres chirurgicaux de Panas lui donnèrent un siège à l'Académie de médecine dès 1877, deux ans avant l'investiture professorale, alors qu'il était président de la Société de chirurgie.

Une assiduité fructueuse répondit à cette élection : pendant plus de vingt ans, il a pris part à toutes les discussions importantes. Son intervention était toujours motivée; ignorant le besoin stérile de parler pour parler, il ne connaissait ni les lieux communs ni les banalités; il parlait parce qu'il avait quelque chose à dire ; aussi était-il en toute occasion silencieusement écouté, on savait qu'on ne devait attendre de lui que des communications vraiment instructives, toujours basées sur les faits, souvent aussi sur des expériences personnelles.

Il ne recherchait pas l'éloquence oratoire, mais il avait au plus haut degré cette éloquence de la conviction scientifique, qui trouve dans sa force propre le pouvoir de persuasion. — La clarté, la solidité de l'argumentation, la possession réelle du sujet, voilà les traits de ses discours, que marquaient encore une rare courtoisie, et l'absence de toute irritation dans l'examen des contradictions formulées.

Les discours de Panas reflétaient d'ailleurs sa nature

morale, dont les précieux attributs rendaient la vie avec lui toujours facile et douce.

D'une inflexible droiture, il allait franchement à son but; il détestait les faux-fuyants et les compromissions; il méprisait la dissimulation et le mensonge; pour lui, la parole valait l'écrit, la promesse c'était déjà l'acte; sa ténacité fortement accentuée pouvait sembler excessive dans les menus incidents de chaque jour, mais elle apparaissait efficace et louable dans la poursuite du bien et du vrai, qui était sa constante préoccupation. Il n'était pas enclin aux bruyantes expansions, mais il était un ami sûr; il avait quelque apparence de froideur, mais il était serviable, charitable jusqu'au sacrifice, et le devoir, si pénible qu'il fût, le trouvait toujours prêt à l'obéissance.

Son humeur affable et paisible devait son étonnante égalité à l'aimable philosophie d'un optimisme de bon aloi, qui n'avait rien de commun avec l'indifférence, car il portait un intérêt sincère, nullement affecté, à toutes les questions, à tous les progrès. De ce rare assemblage naissait une fermeté placide, qui complétait l'individualité de ce beau caractère.

Ce calme imperturbable révéla toute sa puissance dans l'impassibilité avec laquelle Panas suivit, durant six ans, les ravages destructeurs de la maladie à laquelle il a succombé.

Lorsque le stoïcisme arrive à une telle durée, lorsque, loin de fléchir, il s'affermit avec l'aggravation des maux, il dépasse toutes les attentes, il défie tous les éloges, parce qu'il est sans pareil.

Dès la première année, cette maladie n'avait plus d'inconnue pour mon pauvre ami; il savait que l'envahissement successif des agents musculaires le condamnerait à l'inertie motrice; il mesurait la rapidité probable de cette dégradation, mais il n'eut pas un instant de défaillance, et il remplit jusqu'à la fin les multiples obligations, que l'ironie du sort lui imposait plus lourdes que jamais.

Il avait été nommé vice-président de l'Académie pour 1898; j'avais l'honneur, cette année-là, d'en être le président; et bien des fois, dans une présomptueuse anticipation, je m'étais réjoui de l'heureuse fortune qui venait faire siéger à mon côté le fidèle ami de tant de jours passés. Mais, hélas! la fête espérée de sa vice-présidence se changea pour moi en une croissante affliction : de semaine en semaine, je le voyais plus sérieusement aux prises avec la difficulté des mouvements manuels, et, tout en l'admirant, je souffrais de sa laborieuse adresse à compenser une insuffisance physique, qui redoublait son énergie.

Appelé en 1899 à la présidence de l'Académie, il ne songea pas un moment à se dérober à la confiance de ses collègues, et grâce à sa vaillance inlassable, il s'acquitta de cette tâche délicate avec un zèle et une distinction qui ne sont pas oubliés.

Cette même année, abusant de ses forces déjà déclinantes, il n'hésite pas à porter au Congrès d'Utrecht le drapeau de son école, et la place d'honneur qui lui est réservée dans les séances, et dans les discours, comme déjà au Congrès d'Édimbourg en 1894, prouve la déférence de ses collègues de tous pays pour l'autorité scientifique qu'il a conquise.

Ce n'est pas tout encore, et en 1900, toujours dédaigneux de l'extension de son mal, il organise et préside, avec un éclat sans précédent, la section ophtalmologique du Congrès international de Paris.

Après ce dernier effort, Panas fut réduit au confinement ; mais des communications lues en son nom à l'Académie montrèrent plus d'une fois qu'il en suivait les débats avec le même intérêt, et que dans son immuable sérénité il gardait entière la lucidité pénétrante de sa haute intelligence.

C'est dans ces temps de retraite forcée, en 1901 et en 1902, qu'avec l'assistance de ses amis, les docteurs Scrini et Bouquet, il réussit à parachever ses *Études de clinique ophtalmologique*, véritable testament scientifique, que la mort libératrice ne lui a pas permis de publier lui-même.

Il s'est éteint le 6 janvier 1903, en son château de Roissy, de proverbiale hospitalité.

Si j'ai réussi, selon mon désir, à rappeler toute la vérité, on doit reconnaître que par une conjonction, dont on trouverait malaisément peut-être un exemple aussi parfait, les qualités de Panas, élevées au niveau de ses titres et des services, en ont atteint la grandeur.

Voilà les sources pures où le génie d'un éminent artiste a puisé l'inspiration de la merveilleuse figure que nous saluons aujourd'hui.

Avec reconnaissance nous nous inclinons devant elle, mais pour nous elle est simplement un honneur décerné, elle n'est point une mémoire nécessaire, car l'ami dont elle reproduit les traits, demeure présent dans le souvenir de tous ceux qui l'ont connu. Ainsi que le planteur du fabuliste, ce n'est pas pour nous, c'est pour nos arrière-neveux que nous avons érigé ce monument, afin de transmettre aux générations futures l'image d'un maître, qui doit être pour elles un modèle et un encouragement.

Cependant, je dois avouer que l'égoïsme n'est pas resté complètement étranger à notre entreprise, car nous attendions comme récompense ce bonheur insigne d'en offrir l'hommage à l'admirable compagne qui, dans ses longues années de souffrance, prodigua vainement à son cher martyr les inépuisables trésors de sa piété conjugale.

Ah! certes, si quelque miracle eût été possible, vous l'auriez accompli, Madame, par l'héroïsme de votre dévouement.

Mais dans la désespérance de votre solitude, gardez-vous d'oublier que s'il est des douleurs que rien n'efface, il est des consolations que rien n'égale ; et quand les cyprès de Roissy déchirent trop cruellement votre cœur de leurs plaintifs gémissements, croyez-moi, détournez-vous un peu de ce champ funéraire, portez vos pensées et vos regards sur cette enceinte, évoquez cette mémorable journée, et dans le renouveau de ces impressions, dans cette reviviscence lapidaire, symbole de l'affection, du respect et du deuil de tous, vous trouverez pour l'angoisse de votre peine le plus légitime, le plus noble des apaisements. Que notre œuvre de justice devienne donc pour vous un refuge, et tous nos vœux seront comblés.

Discours de M. CHAUMIÉ

Ministre de l'Instruction publique et des Beaux-Arts.

Mesdames,

Messieurs,

Une cérémonie comme celle qui nous réunit aujourd'hui a quelque chose de particulièrement touchant. On sent bien, à y assister, à voir l'émotion avec laquelle s'associent dans l'hommage rendu au maître, tous ceux qui ont été ses amis, ont écouté ses leçons, ou reçu des soins, qu'il n'est pas vrai de dire que l'ingratitude est la loi de ce monde, et que... de quelque nom que le regret s'appelle, l'homme par tous pays en a bien vite assez.

Panas a été éloquemment et dignement loué. On vous a dit combien son savoir, sa maîtrise auraient pu également s'affirmer dans les branches diverses de cette grande science de la chirurgie; et l'on a semblé dire que la raison qui l'avait déterminé à se vouer à l'ophtalmologie était due à une circonstance fortuite.

Je n'en crois rien, et c'est à mon sens par une affinité secrète que le docteur Panas a été mené à ces travaux.

Il était né dans ce pays merveilleux de la Grèce où rayonne une si pure lumière ; tout enfant il en avait empli ses yeux, et le souvenir de cette joie l'a certainement ému de pitié pour ceux que menace la nuit.

Ce serait vraiment audacieux à moi que d'ajouter quoi que ce soit à ce qui a été déjà dit. Mon incompétence enlèverait toute autorité à mes paroles, mais la cérémonie n'eut pas été complète si le gouvernement ne fût venu joindre, au nom du pays, ses remerciements et son hommage à tous ceux dont nous avons déjà entendu l'expression.

Les hommes comme le professeur Panas sont des hommes de bien dont un pays a le droit d'être fier, qu'ils soient nés sur son sol ou qu'attirés par le charme qui se dégage de lui, le génie de ses maîtres, l'éclat de leur enseignement, ils soient venus vers lui, et tout en gardant au fond du cœur pour la patrie première, cette affection que rien n'efface, ils lui aient demandé de les adopter.

Un choix pareil est un honneur pour le pays qui en est l'objet. Aussi, très ému, je viens, au pied de ce monument, dire à mon tour, au nom de la France, un respectueux merci.

ACHEVÉ D'IMPRIMER ❦ ❦ ❦
❦ ❦ ❦ LE 4 OCTOBRE 1904
POUR G. STEINHEIL ❦ ❦ ❦
❦ ❦ PAR E. CAPIOMONT & Cie